Inhaltsverzeichnis

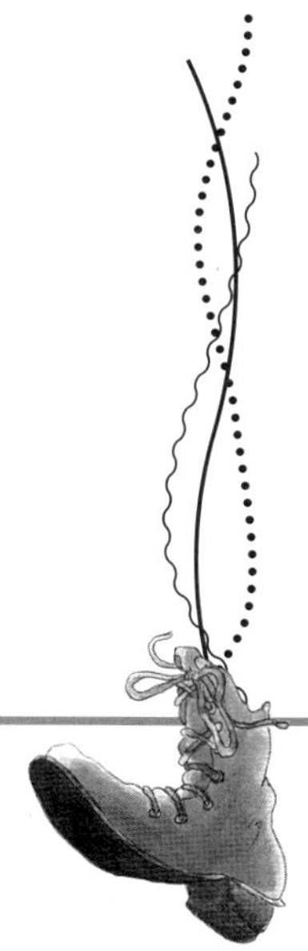

Vorwort

Lesen macht Spaß: Leider finden das heutzutage selbst viele Erwachsene nicht mehr, daher muss Kindern umso dringender bereits in der Schule das Lesevergnügen nahegebracht werden. Dafür sind Bücher nötig, die Kinder interessieren, die sie neugierig machen – dann kommt die Lesemotivation von ganz allein. „Tricks von Tante Trix“ ist ein solches Buch, denn eine Tante mit quietschbunten Haaren, die durch verschlossene Türen geht und Brot zum Fliegen bringt – welches Kind wird da nicht neugierig?

Von Tante Trix können die Kinder viel lernen. Sie geht ihren eigenen Weg und lässt sich dabei nicht von den Meinungen anderer Leute beeinflussen. Kinder müssen ebenfalls ein gewisses Maß an Selbstvertrauen und Selbstsicherheit entwickeln, um stark durch das Leben gehen zu können. Vor allem aber zeigt die Tante, wie viel Gedankenkraft ausmachen kann. Sie ist keine Hexe oder Zauberin, dennoch gelingen ihr die merkwürdigsten Dinge. Sicherlich ist dabei viel Fantasie mit in das Buch hineingeflossen, aber die Kernaussage bleibt gleich: Positives Denken kann positives Handeln beeinflussen.

Mit Hilfe des Deckblattes von S. 4 kann jedes Kind ein eigenes, individuelles Lese-Begleit-Heft gestalten. Es hat somit auch über das Ende der Unterrichtseinheit hinaus eine schöne Erinnerung, die hoffentlich anspornt, auch freiwillig noch weitere Bücher zu lesen.
Die lesebegleitenden Arbeitsblätter sind nach Kapiteln unterteilt, die sich an denen des Buches orientieren. Es empfiehlt sich, dass die Kinder das jeweilige Kapitel zunächst allein lesen (möglicherweise auch als Hausaufgabe) und die wichtigsten Stellen dann noch einmal gemeinsam gelesen werden, damit alle auf dem gleichen Stand sind. Erst dann sollten die dazugehörigen Arbeitsblätter ausgeteilt werden.
Im Anschluss daran gibt es im fächerübergreifenden Teil (ab S. 17) Angebote für die Fächer Deutsch, Sachunterricht, Mathematik, Kunst und Sport, sodass die Kinder sich ganzheitlich mit dem Buch auseinandersetzen können.
Auf der folgenden Seite finden Sie noch Hinweise und Tipps zu den einzelnen Arbeitsangeboten.

Ihnen und Ihren Schülerinnen und Schülern wünsche ich jetzt viel Freude mit Tante Trix und ihren tollen Tricks!

Ilka Bonten

Tipps und Hinweise für Lehrerinnen und Lehrer

Zu „Nette kleine Tricks“, S. 9, Aufgabe 4:
Hier geht es darum, das Lied von Tante Trix weiterzuschreiben und eine passende Melodie zu finden. Um den Kindern diese Aufgabe zu erleichtern, wäre es gut, wenn Sie ihnen Hilfen (wie z. B. Klangstäbe, Triangeln, Glockenspiele ...) zur Verfügung stellen könnten.
Wenn Sie die Möglichkeit dazu haben, bietet es sich außerdem an, die Lieder der Kinder aufzunehmen und in der weiteren Unterrichtseinheit abzuspielen.

Zu „Brief schreiben“, S. 20:
Bei diesem Angebot findet sich auch eine Bastelvorlage für einen Briefumschlag. Um die Faltarbeit für die Kinder einfach zu halten, wurde ein quadratischer Umschlag gewählt. Die Größe des Umschlags kann natürlich über die Größe des Ausgangsquadrats verändert und der Briefgröße angepasst werden.

Zu „Stammbaum“, S. 28:
Auf dieser Seite ist ein Stammbaum abgebildet, der für die Kinder als Vorlage dienen soll. Es bietet sich auch an, dieses Beispiel auf eine Folie zu kopieren und über den Overhead-Projektor zu zeigen. So könnte noch einmal mit der ganzen Klasse der Aufbau besprochen werden.

Zu „Zaubern wie Tante Trix“, S. 29:
Die Kinder sollten die Möglichkeit haben, beide Zaubertricks mehrfach zu üben, bevor sie dem Publikum vorgeführt werden, damit sie den Ablauf genau im Kopf haben und alle Handgriffe gut sitzen.

Zu „Collage“, S. 33 oben:
Bei diesem Angebot müssen den Kindern Zeitschriften zur Verfügung gestellt werden, aus denen sie passende Bilder ausschneiden können. Vielleicht können auch einige Kinder solche Zeitungen von zu Hause mitbringen.

Zu „Briefmarke“, S. 33 unten:
Die Briefmarkenvorlage kann von Ihnen auch vorab vergrößert und dann den Kindern (evtl. auch mehrfach) zur Verfügung gestellt werden.
Außerdem kann dieses Angebot auch als Ergänzung zum Thema „Brief schreiben“ (s. S. 20) genutzt werden.

Zu „Kastenfußball“ und „Krakenspiel“, S. 34:
Im Buch spielt Paul Fußball. Bei diesem Sport ist Ballgefühl und Körperbeherrschung wichtig. Beides kann mit den Sportangeboten in diesem Heft spielerisch geübt werden.

Mein Lese-Begleit-Heft

Tricks von Tante Trix

Name: ______________________________

Klasse: ______________________________

BVK LP96 • Ilka Bonten: Literaturprojekt zu „Tricks von Tante Trix“

Zum Titelbild

Schaue dir das Titelbild gut an. Wer ist auf dem Bild zu sehen? Wie fühlen sich die Personen wohl? Was könnte im Buch passieren?
Schreibe deine Meinung und deine Ideen dazu auf die Linien.

Gespräch mit der Autorin

1. Stelle dir vor, du würdest vor dem Lesen des Buches die Autorin Judith Le Huray treffen. Welche Fragen zum Buch würdest du ihr gerne stellen, nachdem du bisher nur das Titelbild kennst? Notiere deine Fragen auf die Linien.

2. Vergleicht nun eure Fragen in der Klasse. Überlegt euch zusammen mögliche Antworten.

3. Nach Ende der Lektüre könnt ihr prüfen, ob im Buch auf alle Fragen eine Antwort gegeben wurde.

BVK LP96 • Ilka Bonten: Literaturprojekt zu „Tricks von Tante Trix“

Der fremde Besuch

1. Leider sind die folgenden Sätze aus dem Inhalt durcheinandergeraten. Wenn du sie in die richtige Reihenfolge bringst, erhältst du das Lösungswort.

Sie schaut sich in der ganzen Wohnung um und macht lauter Dinge, die Paul nicht darf.	R
Es ist eine fremde Frau, deshalb schließt er schnell wieder die Tür.	E
Als Pauls Eltern vom Einkaufen zurückkommen, erkennt Pauls Vater seine Tante.	I
Als es klingelt, öffnet Paul die Tür einen Spalt. Er will sehen, wer da vor ihm steht.	B
Sie sagt, sie sei seine Tante Trix.	T
Tante Trix will ein paar Tage zu Besuch bleiben und erzählt tolle Geschichten.	X
Doch als Paul sich umdreht, ist die fremde Frau trotzdem in der Wohnung.	A

Lösung: Der richtige Name von Tante Trix ist ___ ___ ___ ___ ___ ___ ___ .

2. Tante Trix steht vor der Tür und möchte, dass Paul sie hereinlässt. Doch Paul macht schnell wieder die Tür zu. Bestimmt sagen dir deine Eltern das Gleiche wie Pauls Eltern auf S. 5. Sie sagen:

____

3. Tante Trix wird im ersten Kapitel genau beschrieben. Erinnerst du dich noch? Die Wörter unten helfen dir.

Die Haare der Frau stehen ___________ vom Kopf ab. Einige Haarbüschel sind ___________ , die anderen ___________ , ___________ , ___________ und ___________ . Sie trägt ___________ Röcke übereinander, in den Farben einer ___________ . Dazu hat sie mitten im Sommer eine dicke ___________ Wollweste an. Die Füße stecken in ___________ Strümpfen und geschnürten Stiefeln in schrillem ___________ . In einer Hand trägt sie einen schäbigen ___________ Koffer.

(aus: Judith Le Huray: Tricks von Tante Trix, BVK Buch Verlag Kempen, Kempen 2010, S. 6)

alten – Ampel – drei – geblümten – gelb – grün – himmelblaue – lila – Pink – rot – schwarz – wild

BVK LP96 • Ilka Bonten: Literaturprojekt zu „Tricks von Tante Trix"

Tante Trix ist da

1. Wie reagieren Pauls Eltern auf den plötzlichen Besuch von Tante Trix?

____

____

____

2. Einige Sätze, die Tante Trix sagt, sind in einer anderen Schrift geschrieben. Was fällt dir an ihnen auf?

____

____

____

3. Tante Trix kann durch verschlossene Türen gehen, Gedanken lesen und noch viel mehr. Paul glaubt deshalb, dass sie eine Hexe ist und zaubern kann. Glaubst du das auch?
   Tauscht euch in der Klasse aus. Sprecht auch darüber, ob die Geschichte aus dem Buch wahr sein könnte.

4. Was sind „Eingeborene"? Überlegt gemeinsam in der Klasse.

5. Paul wundert sich, was die Tante so alles erzählt:

   Die Insel, von der Tante Trix erzählt, heißt ☐☐☐☐☐-☐☐☐☐☐.

   Dort gab es 56 ☐☐☐☐☐☐☐☐☐☐☐. Mit den Tigern konnte man ☐☐☐☐ ☐☐☐☐☐☐☐. Besonders gut waren sie beim ☐☐☐☐☐☐☐☐. Die Löwen hatten tolle ☐☐☐☐☐☐, die ☐☐☐☐☐☐☐ und ☐☐☐☐ ☐☐☐☐☐☐☐ wurden.

6. Wie stellst du dir diese Insel vor?
   Male sie auf die Rückseite des Arbeitsblattes.

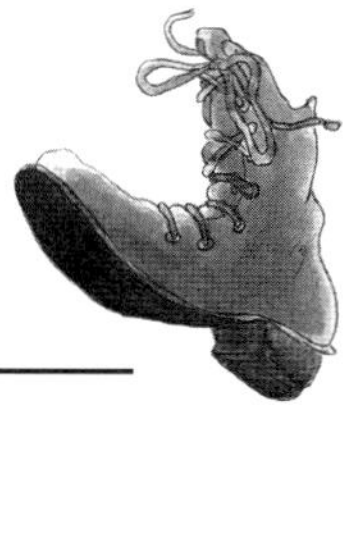

Vorsicht, Hund!

1. Tante Trix wird von den Leuten angestarrt, als sie mit Paul zum Bäcker geht. Warum? Kreuze an.

	stimmt 👍	stimmt nicht 👎
Sie trägt pinkfarbene Stiefel.		
Sie fährt mit Inlinern.		
Sie hört laut Musik.		
Sie hat bunte Haare.		
Sie spielt mit Paul Fangen.		
Sie hüpft auf einem Bein.		
Sie schlägt ein Rad auf dem Gehweg.		

2. Paul wechselt auf einmal die Straßenseite, als er und Tante Trix zu einem grauen Haus mit hohem Zaun kommen. Was steht auf dem Schild, das dort hängt?

3. Auf dem Rückweg vom Bäcker begegnen Paul und Tante Trix tatsächlich Hasso, dem Hund aus dem grauen Haus. So wie Pauls Knie zittern, sind hier auch einige Wörter durcheinandergepurzelt. Kannst du sie richtig aufschreiben?

Hasso ist ____ ____ ____ ____ ____ ____ ____ (girfäkt) wie

ein ____ ____ ____ ____ ____ (ertiS),

____ ____ ____ ____ ____ ____ ____ ____ ____ ____ (äfglcehrih)

wie ein ____ ____ ____ ____ (eöLw) und hat ein riesiges

____ ____ ____ ____ ____ ____ (esiGbs) wie ein

____ ____ ____ ____ ____ ____ ____ ____ (dolrKiko).

BVK LP96 • Ilka Bonten: Literaturprojekt zu „Tricks von Tante Trix“

Nette kleine Tricks

1. Verbinde die richtigen Satzteile miteinander. Wenn du dir nicht sicher bist, lies noch einmal auf S. 20 – 21 nach.

Hasso rast	sehr gefährlich aus.
Er sieht	wird er lammfromm.
Doch durch die Gedanken von Tante Trix	seinen bösen Willen gestohlen.
Sie hat ihm	auf Paul und Tante Trix zu.

2. Paul hat Angst vor dem Hund Hasso. Hast du auch Angst vor Hunden oder vor einem bestimmten Hund? Oder hast du vielleicht selbst einen Hund? Schreibe in ein paar Sätzen ein Hunde-Erlebnis von dir auf. Lest euch danach gegenseitig eure Erlebnisse in der Klasse vor.

____

____

____

____

3. Bei dem folgenden Text sind einige Wörter in Geheimschrift geschrieben. Kannst du trotzdem alles entziffern? Schreibe in dein Heft.

Tante Trix erklärt Paul, was sie von den Eingeborenen auf Tuxda-Buxda gelernt hat: Man kann anderen den bösen Willen stehlen, indem man sich ganz super-kleber-fest darauf konzentriert. So ändert Paul seine Meinung von Tante Trix. Eigentlich findet er sie ziemlich cool.

4.

Machen wir mal ganz fix
ein paar nette kleine Tricks.
Helfen viel, tun niemand nix.
Ruckzuck blitzschnell fixe Tricks.

(aus: Judith Le Huray: Tricks von Tante Trix, BVK Buch Verlag Kempen, Kempen 2010, S. 22)

Dieses Lied singt Tante Trix auf dem Heimweg.
Suche dir zwei Partner und überlegt dann gemeinsam, wie das Lied wohl weitergehen könnte.
Fällt euch auch eine passende Melodie ein? Tragt euer Lied in der Klasse vor.

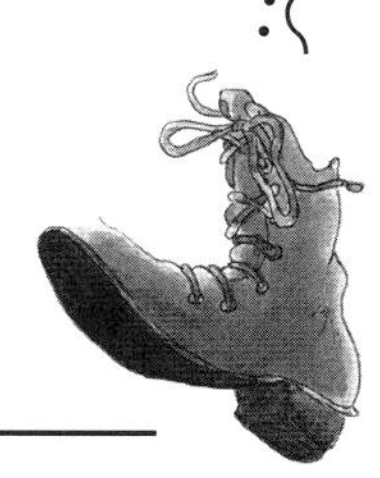

Bauchweh

Hast du das Kapitel gut gelesen? Dann löse das Rätsel und trage die Buchstaben ein.
Tipp: Ä = AE

a) Tante Trix schläft in einer ...
b) Pauls Lehrer heißt Herr ...
c) In Sachkunde bekommt Paul eine ...
d) Früher war Frau ... Pauls Klassenlehrerin.
e) Paul geht nach der Schule nach ...
f) In seinem Zimmer herrscht ein riesiges ...
g) Auf dem Bett liegen der Fußball und die ...
h) Es sieht aus wie ... und Rüben.
i) Dabei hatte Paul erst am ... aufgeräumt.
j) Vor Wut fängt er an zu ...
k) Dank Tante Trix geht es ihm bald wieder ... gut.

	1	2	3	4	5	6	7	8	9	10	11	12	13
a)		7											
b)			3										
c)			9										
d)				6				13					
e)	1												
f)													5
g)						4							
h)				8									
i)		2											
j)	11												
k)	10						12						

(Feldanzahl je Zeile: a) 11, b) 4, c) 5, d) 8, e) 5, f) 13, g) 7, h) 5, i) 7, j) 6, k) 9)

Lösungssatz: Als Paul nach der Schule nach Hause kommt,

__ __ __   __ __
1 2 3   4 5

__ __ __ __ __ __ __ __ .
6 7 8 9 10 11 12 13

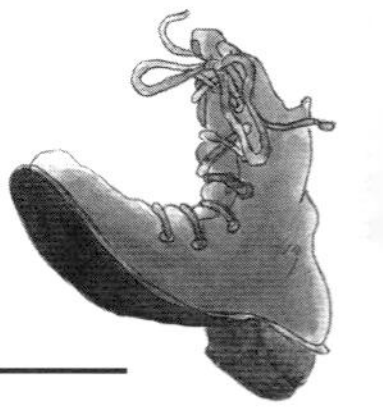

BVK LP96 • Ilka Bonten: Literaturprojekt zu „Tricks von Tante Trix“

Kummer und Freude

1. Als Paul aus der Schule nach Hause kommt, hat er Bauchschmerzen. Was meinst du, was der Grund für Pauls Bauchweh ist? Tausche dich mit einem Partner aus.

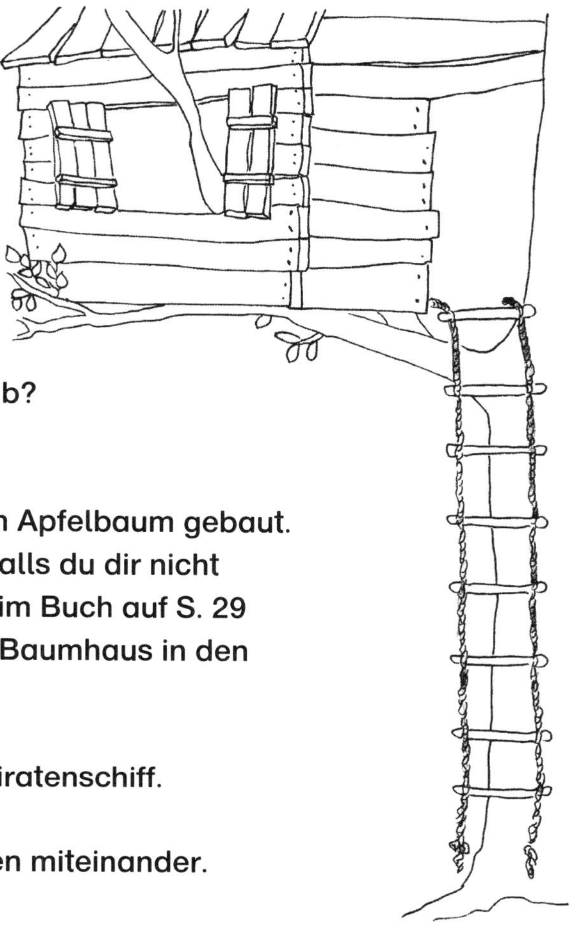

2. Hattest du auch schon einmal Bauchschmerzen nach der Schule? Oder aber vor einer Klassenarbeit? Was machst du, wenn du Kummer oder Probleme hast? Paul möchte sich am liebsten einfach nur in sein Zimmer verkrümeln. Wohin gehst du? Womit lenkst du dich ab? Schreibe auf ein Blatt.

3. Tante Trix hat Paul ein Baumhaus in den Apfelbaum gebaut. Weißt du noch, welche Farben es hat? Falls du dir nicht sicher bist, kannst du die Beschreibung im Buch auf S. 29 noch einmal nachlesen. Male dann das Baumhaus in den richtigen Farben an.

4. Tante Trix erzählt vom Leben auf dem Piratenschiff. Hat Paul gut zugehört? Hilf ihm und verbinde die richtigen Kästen miteinander.

Tante Trix durfte	der Mannschaft die Stiefel putzen.
Sie musste dafür	die Stiefel geputzt.
Tante Trix	der Kapitän einen Beutel Gold.
Die Tierchen haben mit ihrem Fell	den Kapitän von seinen Ohrenschmerzen befreit.
Außerdem hat Tante Trix	mit den Piraten nach Hause fahren.
Zur Belohnung schenkte ihr	hat die Ratten dressiert.

Kapitel 4

Drei Treffer

1. Paul hat am Nachmittag Fußballtraining. Tante Trix will ihn begleiten. Sie müssen mit dem sehr vollen Bus fahren. Im Buch wird beschrieben, dass ein junger Mann im Bus kein gutes Benehmen hat. Erst nach einem Trick von Tante Trix bietet er einer alten Frau seinen Platz an. Hättest du es besser gemacht? Kreuze an, wie man sich richtig verhält.

   a) Ich treffe auf der Straße jemanden, den ich kenne.
   - ◯ Ich gehe wortlos an ihm vorbei.
   - ◯ Ich bleibe kurz stehen und begrüße ihn.
   - ◯ Ich wechsle die Straßenseite.

   b) Beim Essen habe ich gerade den Mund voll, als ich etwas gefragt werde.
   - ◯ Ich antworte sofort, auch wenn der Mund noch voll ist.
   - ◯ Ich schreibe meine Antwort auf die Serviette.
   - ◯ Ich antworte erst, wenn der Mund wieder leer ist.

   c) Ich komme in ein Zimmer, in dem schon viele Menschen sind.
   - ◯ Ich sage freundlich „Guten Tag“ oder „Hallo“.
   - ◯ Ich schleiche mich unauffällig hinein.
   - ◯ Ich knalle die Tür zu und mache so auf mich aufmerksam.

   d) Beim Spielen möchte ein anderes Kind unbedingt mein Lieblingsspielzeug ausprobieren.
   - ◯ Ich packe das Spielzeug sofort weg. Damit darf nur ich spielen.
   - ◯ Wir spielen zusammen damit.
   - ◯ Das Kind darf das Spielzeug nur angucken, nicht anfassen.

2. Paul schießt beim Training drei Tore. Tante Trix hat ihm aber nur beim ersten Tor geholfen. Wieso konnte Paul dann noch zwei weitere Tore schießen? Tauscht euch in der Klasse aus.

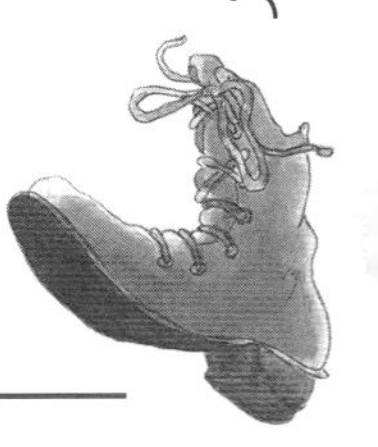

Kapitel 5

Leckere Süßigkeiten

Am Anfang des 5. Kapitels sieht Tante Trix einen Süßwarenladen.

1. Auf den Seiten 41 und 42 des Buches werden viele Süßigkeiten genannt. Elf davon haben sich im Suchsel versteckt. Du findest sie → und ↓.
Achtung: Ä = AE

S	C	H	O	K	O	K	U	S	S	Z	L	D
G	U	M	M	I	B	A	E	R	C	H	E	N
X	D	L	F	Z	S	U	W	G	X	M	B	J
U	R	Y	G	H	Y	G	Z	K	E	Q	K	B
L	O	W	B	R	A	U	S	E	H	Z	U	O
O	P	L	Q	H	X	M	F	Q	D	L	C	N
L	S	C	M	G	J	M	C	K	E	P	H	B
L	Q	L	A	K	R	I	T	Z	E	H	E	O
I	X	K	Z	W	A	F	F	E	L	U	N	N
S	C	H	O	K	O	L	A	D	E	Q	Y	S

2. Tante Trix will im Laden alles haben. Was vergisst sie dabei?

____

3. Auf dem Rückweg im Bus macht Tante Trix eine Kaugummiblase. Verbinde richtig: Der Busfahrer ist überhaupt nicht erfreut darüber, weil

er fast einen Unfall baut.	er keinen Kaugummi mag.	er den Kaugummi wegmachen muss.

4. Der Mann mit der Glatze findet das Benehmen von Tante Trix unerhört. Tante Trix spielt ihm einen Streich.
Hast du auch schon einmal jemandem einen Streich gespielt? Schreibe ein paar Sätze dazu auf und tausche deinen Text dann mit einem Partner.

BVK LP96 • Ilka Bonten: Literaturprojekt zu „Tricks von Tante Trix“

Kapitel 6

Strafarbeit

1. Überlege dir fünf Fragen zum Inhalt des Kapitels. Schreibe sie auf ein Blatt und notiere die passende Antwort dazu. Suche dir dann einen Partner. Stellt euch gegenseitig eure Fragen und versucht, sie möglichst ausführlich zu beantworten. Wenn euch eine Antwort nicht einfällt, kann der Partner eine kleine Hilfe geben oder ihr lest noch einmal im Buch nach.

2. Herr Motz schüttet seiner Klasse sein Herz aus. Was bedrückt ihn? Schreibe aus den Wörtern einen kurzen Text.

Lehrer	Beruf	Kinder	quälen	Gärtner
Blumen	Vater	Großvater	Urgroßvater	

3. Paul erzählt Hannes:
   „Die auf Tuxda-Buxda machen das alle so. Wenn man sich ganz fest konzentriert, dann spielen die Tiger Ball. Und Brot fliegt in die Hand. Und Kaugummiblasen werden so groß wie Kürbisse."
   (aus: Judith Le Huray: Tricks von Tante Trix, BVK Buch Verlag Kempen, Kempen 2010, S. 52)

   Obwohl Hannes Paul nicht glaubt, sagt er nichts dazu. Weil Paul sein Freund ist. Findest du es richtig, dass Hannes nicht sagt, dass er Paul nicht glaubt? Müssen Freunde nicht immer ehrlich zueinander sein? Bildet eine Gruppe von drei bis vier Kindern und besprecht eure Meinungen.

4. Was könnte wohl noch per Gedanken auf Tuxda-Buxda alles Merkwürdiges passieren? Male deine eigenen Ideen zu den Bildern im Kasten dazu.

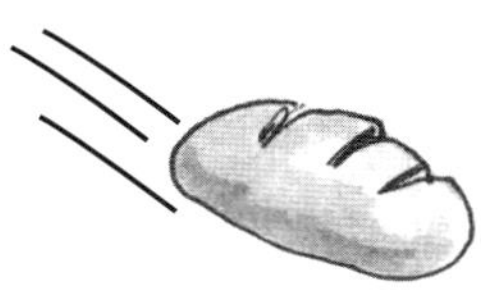

BVK LP96 • Ilka Bonten: Literaturprojekt zu „Tricks von Tante Trix"

Pechtag?

1. Kreuze die richtigen Antworten in den Kästen an. Schneide die Bildkärtchen unten aus und klebe sie auf das richtige Feld. Dann erhältst du ein Lösungswort.

2. Male das Bild anschließend an.

Tante Trix frühstückt Schokomüsli T) aus der Salatschüssel. R) aus einem Topf.	Paul hat die Strafarbeit nicht gemacht und R) hat Angst vor Herrn Motz. C) geht fröhlich zur Schule.	Die neue Lehrerin von Paul heißt K) Frau Freundlich. I) Frau Nette.
Als Tante Trix weg ist, ist Paul S) richtig froh. C) etwas traurig.	Hannes glaubt Paul nicht, dass K) es Tante Trix gibt. I) Tante Trix weg ist.	Hannes und Paul naschen von Tante Trix‘ Süßigkeiten, T) bis sie groß geworden sind. S) bis ihnen schlecht wird.

Lösung: Tante Trix kann viele ____ ____ ____ ____ ____ ____ .

Bildkarten:

BVK LP96 • Ilka Bonten: Literaturprojekt zu „Tricks von Tante Trix“

Glücksbringer oder Unglücksbringer?

1. Paul denkt schon beim Aufstehen, dass dieser Freitag der 13. bestimmt ein Pechtag wird. Tante Trix allerdings behauptet, dass es ein Glückstag ist. Ebenso wie diese beiden sind auch viele andere Menschen unterschiedlicher Meinung, was Glücksbringer und Unglücksbringer angeht.
Ordne die folgenden Ereignisse in eine Tabelle in deinem Heft. Besprich dich mit einem Partner, wenn du nicht weiter weißt.

Glücksbringer	Unglücksbringer

Schornsteinfeger berühren – Sternschnuppen sehen – einen Spiegel zerbrechen – dreimal auf Holz klopfen – schwarze Katze – jemandem die Daumen drücken – Hufeisen finden – unter einer Leiter hindurchgehen – vierblättriges Kleeblatt finden – Glückspfennig verschenken – Salz verschütten

2. In das Bild haben sich sechs Fehler eingeschlichen.
Findest du alle? Vergleiche dazu noch einmal im Buch Seite 53.

3. Als Hannes zu Paul zum Spielen kommt, ist Tante Trix bereits abgereist.
Suche dir einen Partner. Spielt das Gespräch zwischen Paul und Hannes nach.
Hannes muss immer wieder nachfragen, wenn er etwas nicht versteht, da er Tante Trix ja nicht kennt.

BVK LP96 • Ilka Bonten: Literaturprojekt zu „Tricks von Tante Trix“

Paul darf das nie

Wenn du das Buch aufmerksam gelesen hast, ist dir bestimmt dieser Satz aufgefallen:

Paul darf das nie!

1. Blättere noch einmal das Buch durch. Trage dann in die Tabelle die Seite ein, auf der dieser Satz steht.
   Trage auch ein, was Paul nie darf, obwohl Tante Trix es tut. Die Bilder helfen dir.

Bild	Seite	Paul darf nie
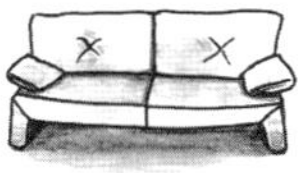		

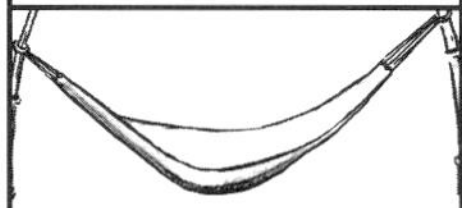		
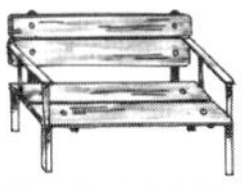		

2. Unterhaltet euch in der Klasse darüber, welche Dinge ihr zu Hause dürft und welche nicht. Findet ihr die Verbote immer richtig? Begründet eure Meinung.

3. Welche Regeln gelten bei euch in der Klasse? Welche Verbote sind sinnvoll? Entwerft ein gemeinsames „Regeln" – Plakat für eure Klasse.

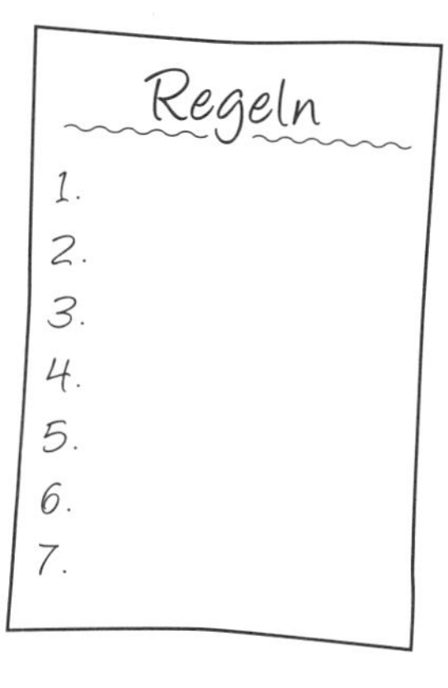

BVK LP96 • Ilka Bonten: Literaturprojekt zu „Tricks von Tante Trix"

Steckbrief zum Buch

Titel des Buches: ______________________________

Autorin: ______________________________

Illustratorin: ______________________________

Verlag: ______________________________

Seitenzahl: ______________________________

Wichtige Personen: ______________________________

____

Darum geht es: ______________________________

____

____

____

Mir hat das Buch ☐ gefallen, ☐ nicht gefallen,

weil ______________________________

____

Wenn ich eine Schulnote für das Buch vergeben müsste, wäre das eine ☐.

Ich würde das Buch meiner Freundin / meinem Freund

☐ weiterempfehlen.

☐ nicht weiterempfehlen.

Schlangensätze

Herr Motz ist Pauls Lehrer. Er wäre aber viel lieber Gärtner.
Neben diesen beiden Berufen gibt es noch viele andere. Zu manchen Berufen findest du hier Schlangensätze.

1. Lies die Sätze. Nimm dann einen Bleistift und setze hinter jedes Wort einen dicken Trennstrich.

a) LEHRERMÜSSENAUCHJEDENTAGZURSCHULEGEHEN.

____

b) SIEBRINGENIHRENSCHÜLERNWICHTIGEDINGEBEI.

____

c) GÄRTNERARBEITENOFTDRAUßEN.

____

d) DERGÄRTNERPFLEGTDENGARTEN.

____

e) BÄCKERMÜSSENFRÜHAUFSTEHEN.

____

f) EINTIERPFLEGERISTFÜRVIELETIEREVERANTWORTLICH.

____

g) DERBUSFAHRERBRINGTJEDENTAGVIELEKINDERZURSCHULE.

____

2. Schreibe nun die Sätze auf die Linien. Achte dabei auf die richtige Groß- und Kleinschreibung.

3. Weißt du schon, was du später einmal werden möchtest? Tausche dich mit einem Partner aus.

BVK LP96 • Ilka Bonten: Literaturprojekt zu „Tricks von Tante Trix“

Brief schreiben

Tante Trix hinterlässt Paul zum Abschied einen kurzen Brief. Hast du auch schon einmal einen Brief geschrieben?
Wie du bestimmt weißt, besteht ein Brief aus fünf Teilen:

Datum – Begrüßung – Text – Grüße – Name.

In den Text schreibst du, was du dem Briefempfänger (z. B. Oma, Onkel, Freund) gerne erzählen möchtest. Vielleicht hast du auch Fragen an den Empfänger?

1. Überlege, an wen du gern schreiben willst. Verfasse deinen Brief auf einem Briefblatt. Wenn du möchtest, kannst du das Blatt nachher noch verzieren.

2. Ein richtiger Brief gehört natürlich in einen Umschlag. Bastle dir mit Hilfe der Anleitung einen Briefumschlag.

Du brauchst: Tonpapier, Lineal, Bleistift, Schere, Kleber

So geht es:
Zunächst musst du auf dem Tonpapier mit Lineal und Bleistift ein Quadrat (ca. 20 cm x 20 cm) aufmalen.

Falte das Quadrat in der Mitte einmal längs und einmal quer.

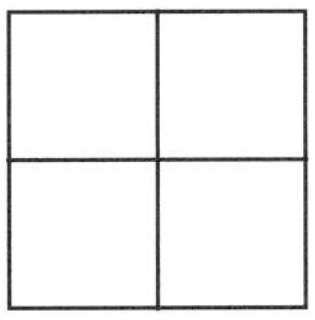

Drehe das Quadrat nun so, dass eine Spitze zu dir zeigt.

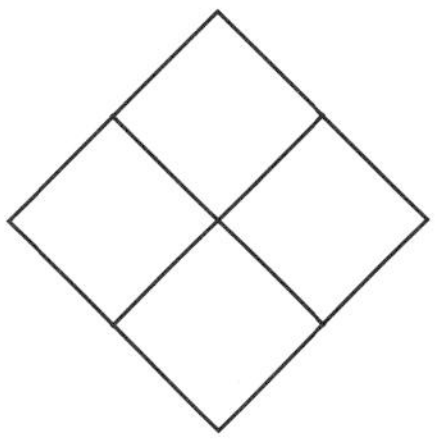

Die Ecken links und rechts musst du jetzt zur Mitte falten.

Falte die untere Ecke jetzt nach oben (etwas über die Mitte hinaus). Klebe die Ränder fest. Fertig ist dein Briefumschlag!

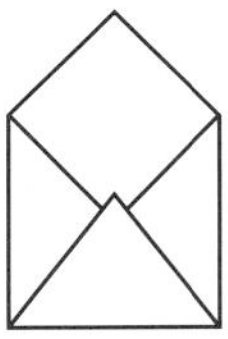

3. Wenn dein Umschlag fertig ist, musst du ihn noch mit der Adresse des Empfängers beschriften. Zu der vollständigen Adresse gehören Vor- und Nachname, Straße und Hausnummer, Postleitzahl und Wohnort. Von vorne muss der Briefumschlag dann so aussehen:

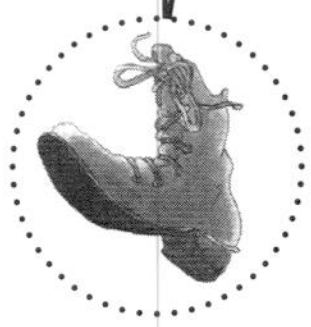

Vergiss auch nicht den Absender auf der Rückseite des Briefes.

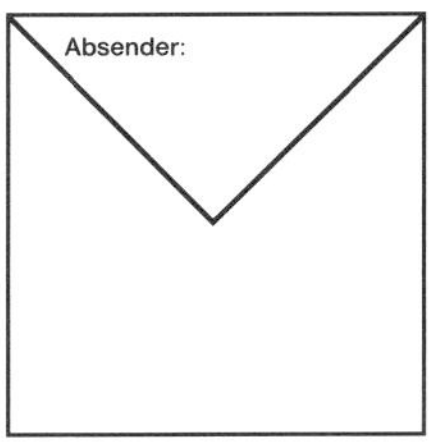

BVK LP96 • Ilka Bonten: Literaturprojekt zu „Tricks von Tante Trix“

BVK LP96 • Ilka Bonten: Literaturprojekt zu „Tricks von Tante Trix“

Ungewöhnliche Ausdrücke

Tante Trix drückt sich manchmal sehr ungewöhnlich aus. Sie beschreibt Dinge anders, als wir es wohl tun würden.
Kannst du die seltsamen Ausdrücke von Tante Trix übersetzen?
Wenn du den Zusammenhang nicht mehr genau weißt, kannst du im Buch noch einmal nachlesen.

Seite	**Tante Trix sagt:**	**So sagst du es:**
8	Hübsch hässlich habt ihr es hier	______________
9	super-lecker-schmecker	______________
13	winze-klitze-kleines	______________
13	zitter-bitter-kalt	______________
15	knuffel-knuddel-kuschelig	______________
19	stinke-pups-langweiliges	______________

BVK LP96 • Ilka Bonten: Literaturprojekt zu „Tricks von Tante Trix“

Reime

Tante Trix spricht häufig in Reimen.
Finde die passenden Reimpaare und verbinde sie miteinander.

Tante	Schimmer	Haus	Pinsel
Mund	Schwäne	Märchen	Fisch
Hund	Kante	Ball	Tonne
Mähne	Not	Insel	Maus
Boot	Kater	Tage	Futter
Zimmer	Fund	Mutter	Pärchen
Vater	Tauben	Tisch	Knall
Augen	Grund	Sonne	Frage

Elfchen

Reime sind oft ein Kennzeichen für Gedichte. Eine besondere Gedichtsform ist das Elfchen. Schreibe in dein Heft ein Elfchen zu einem Thema, das deiner Meinung nach gut zum Buch passt, z. B. Freundschaft, Zauberei, Bauchweh ...

So schreibst du ein Elfchen:

1. Zeile: Hier steht ein Adjektiv, das das Thema beschreibt. (1 Wort)
2. Zeile: Das Thema wird genauer beschrieben. (2 Worte)
3. Zeile: Was ist das Besondere an dem Thema? (3 Worte)
4. Zeile: Warum gefällt dir dieses Thema so gut? (4 Worte)
5. Zeile: der Name des Themas (1 Wort)

Tipp: Ein Elfchen muss sich nicht unbedingt reimen!

Beispiel für ein Magie-Elfchen:

Verhext
Der Magier
Alles ist möglich.
Wer kann das schon?
Zauberei

Akrostichon

Schreibe zu den Anfangsbuchstaben ein Wort oder einen Satz.

D ____________________

E ____________________

R ____________________

B ____________________

E ____________________

S ____________________

U ____________________

C ____________________

H ____________________

Wenn du magst, kannst du dir noch weitere Akrostichons ausdenken.

Freies Schreiben

Stelle dir vor, Tante Trix würde Paul zu einer Reise einladen. Gemeinsam besuchen sie die Insel Tuxda-Buxda.
Was könnten sie wohl alles erleben?
Suche dir eine Überschrift aus und schreibe deine Geschichte dazu auf.

Paul, Tante Trix und das Geheimnis der Insel Tuxda-Buxda

Eine gefährliche Schiffsreise

Paul und die Eingeborenen

Meine Wunschtante

Vor Pauls Tür steht auf einmal Tante Trix. Es scheint, als ob sie zaubern könnte und so erfüllt sie Paul manchen Wunsch.
Stelle dir vor, du bekommst auch Besuch von einer Tante mit magischen Kräften.
Was sollte sie alles können? Was würdet ihr zusammen erleben?
Schreibe deine Geschichte auf ein Blatt und male ein passendes Bild dazu.

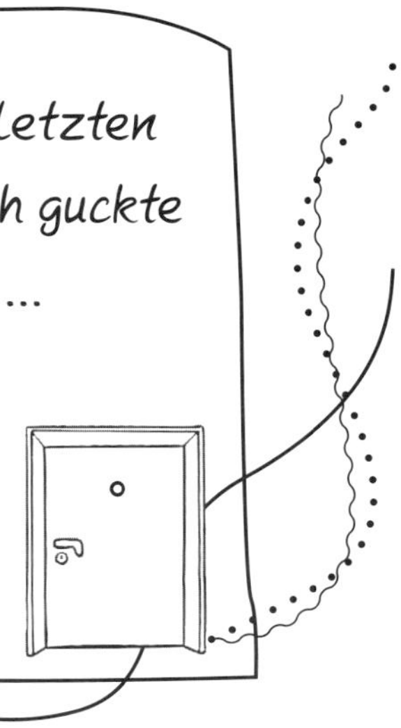

An einem wunderschönen Tag im letzten Sommer klingelte es an der Tür. Ich guckte durch den Türspion und sah ...

BVK LP96 • Ilka Bonten: Literaturprojekt zu „Tricks von Tante Trix“

Wortarten üben mit Tante Trix

Wir üben zusammen mit Tante Trix die Wortarten **Nomen** (Namenwörter), **Adjektive** (Wiewörter) und **Verben** (Tuwörter).

Nomen bezeichnen Dinge. Du kannst die Artikel *der, die, das, ein, eine* oder das Wort *viele* davorsetzen. Nomen werden immer großgeschrieben.
Beispiele: Tante – die Tante, eine Tante, viele Tanten
Haus – das Haus, ein Haus, viele Häuser

Adjektive beschreiben, wie etwas ist. Du kannst sie steigern. Adjektive werden immer kleingeschrieben.
Beispiele: wild – wilder – am wildesten
dick – dicker – am dicksten

Verben geben an, was jemand tut. Du kannst *ich, du, er, sie, es, wir, ihr* oder *sie* davorsetzen. Verben werden immer kleingeschrieben.
Beispiele: klingeln – sie klingelt
öffnen – ich öffne

1. Im folgenden Text sind alle Wortanfänge kleingeschrieben. Außerdem fehlen die Satzzeichen.
   - Mache zuerst zwischen den Sätzen einen dicken Trennstrich.
   - Unterstreiche dann alle Nomen mit einem roten Stift, alle Adjektive mit einem gelben und alle Verben mit einem blauen Stift.
   - Trage danach die Nomen, Adjektive und Verben in eine Tabelle (s. Muster) in dein Heft ein.
   - Schreibe zuletzt den ganzen Text in dein Heft. Beachte die Groß- und Kleinschreibung und füge die richtigen Satzzeichen ein.

paul und seine eltern bekommen plötzlich besuch tante trix möchte für ein paar tage bei ihnen bleiben sie macht einige verrückte sachen paul findet seine großtante ziemlich cool tante trix ist nach ein paar tagen weg paul ist deshalb etwas traurig

Nomen	Adjektive	Verben

2. Suche noch jeweils drei Nomen, Adjektive und Verben aus dem Buch. Trage sie auch in die Tabelle ein.

BVK LP96 • Ilka Bonten: Literaturprojekt zu „Tricks von Tante Trix“

Gefühle

Klassenaufgabe:
Richtet gemeinsam in eurer Klasse einen Kummerkasten ein. Nehmt dazu einen einfachen Karton. Bemalt oder beklebt ihn zusammen nach euren Vorstellungen. Vergesst nicht, ein passendes Schild auf den Deckel zu kleben.

Schreibt nun eure Probleme – wenn ihr wollt auch ohne euren Namen – auf einen Zettel. Das können Probleme mit Fächern, mit Noten, mit Mitschülern oder ... sein. Legt den Zettel in den Kummerkasten.

Besprecht dann gemeinsam mit eurer Lehrerin / eurem Lehrer einmal in der Woche alle Zettel aus dem Kummerkasten. Sicher findet ihr jetzt zusammen eine Lösung.

Datum: ____________________

Ich habe Kummer, weil ______________________________

____

____

____

Ich habe mich nicht richtig verhalten, weil ______________

____

____

____

Ich wünsche mir, dass ______________________________

____

____

____

Der richtige Umgang mit Hunden

Menschen und Hunde sind häufig gute Freunde. Viele Leute haben aber auch Angst vor Hunden. Wichtig ist, dass man im Umgang mit Hunden einige Regeln beachtet. Vor allem bei fremden Hunden muss man sich vorsichtig verhalten. Einige Regeln lauten:

1. Laufe nicht vor einem Hund weg, auch dann nicht, wenn du Angst hast.
2. Streichle keinen fremden Hund, ohne vorher den Besitzer um Erlaubnis gefragt zu haben. Lasse den Hund dann zuerst an deiner Hand schnuppern.
3. Störe den Hund nicht beim Fressen und Schlafen.
4. Respektiere es, wenn der Hund nicht spielen mag.
5. Passe auf, dass du dem Hund nicht auf die Pfoten oder den Schwanz trittst. Ziehe auch nicht am Schwanz.
6. Verhalte dich ruhig und schreie nicht laut.
7. Wenn Hunde miteinander raufen, versuche nie, sie zu trennen.

Auf den Bildern siehst du verschiedene Situationen. Wenn du die Regeln oben gut gelesen hast, kannst du bestimmt leicht aufschreiben, was das jeweilige Kind falsch macht.

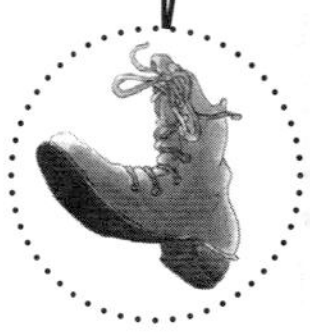

BVK LP96 • Ilka Bonten: Literaturprojekt zu „Tricks von Tante Trix“

Löwen und Tiger

1. Tante Trix erzählt, dass man mit den Tigern auf Tuxda-Buxda prima Ball spielen könnte. Außerdem würden den Löwen dort die Mähnen gekämmt und bunt gefärbt. Glaubst du, dass das stimmt?
   In den Kästen stehen noch mehr Behauptungen zu Löwen und Tigern.
   Male die richtigen Aussagen grün an.

Löwen und Tiger gehören zu den Katzen.	Tigerjunge schlüpfen aus Eiern.	Der Löwe lebt immer alleine.
Löwen schwimmen nicht gerne.	Tiger und Löwen sind Pflanzenfresser.	
In deutschen Wäldern leben Löwen und Tiger.	Der Löwe gilt als „König der Tiere".	Viele Tiger haben schwarzbraune Streifen.

2. Erstelle nun zu Löwen und Tigern einen Steckbrief.
   Informationen findest du in Tierbüchern oder im Internet unter:
   www.blinde-kuh.de

Steckbrief

Name: ______________________

Lebenserwartung: ______________________

Größe / Länge: ______________________

Aussehen: ______________________

Lebensraum: ______________________

Feinde: ______________________

Nahrung: ______________________

Anzahl der Jungen: ______________________

Zusätzliche Informationen: ______________________

____

BVK LP56 • Ilka Bohlen: Literaturprojekt zu „Tricks von Tante Trix"

Stammbaum

Die Familie von Paul hast du im Buch schon kennengelernt. Man kann eine Familie als Stammbaum aufschreiben. Für Pauls Familie könnten wir eintragen:

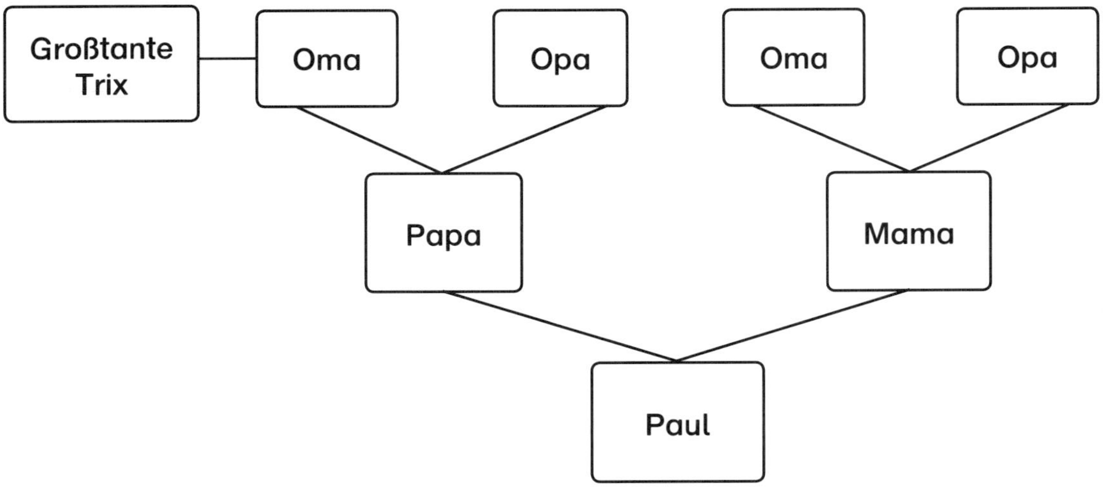

Erstelle nun einen Stammbaum für deine Familie. Verwende dazu die Vorlage.

Trage ein:
Vorname • Nachname • Geburtsdatum

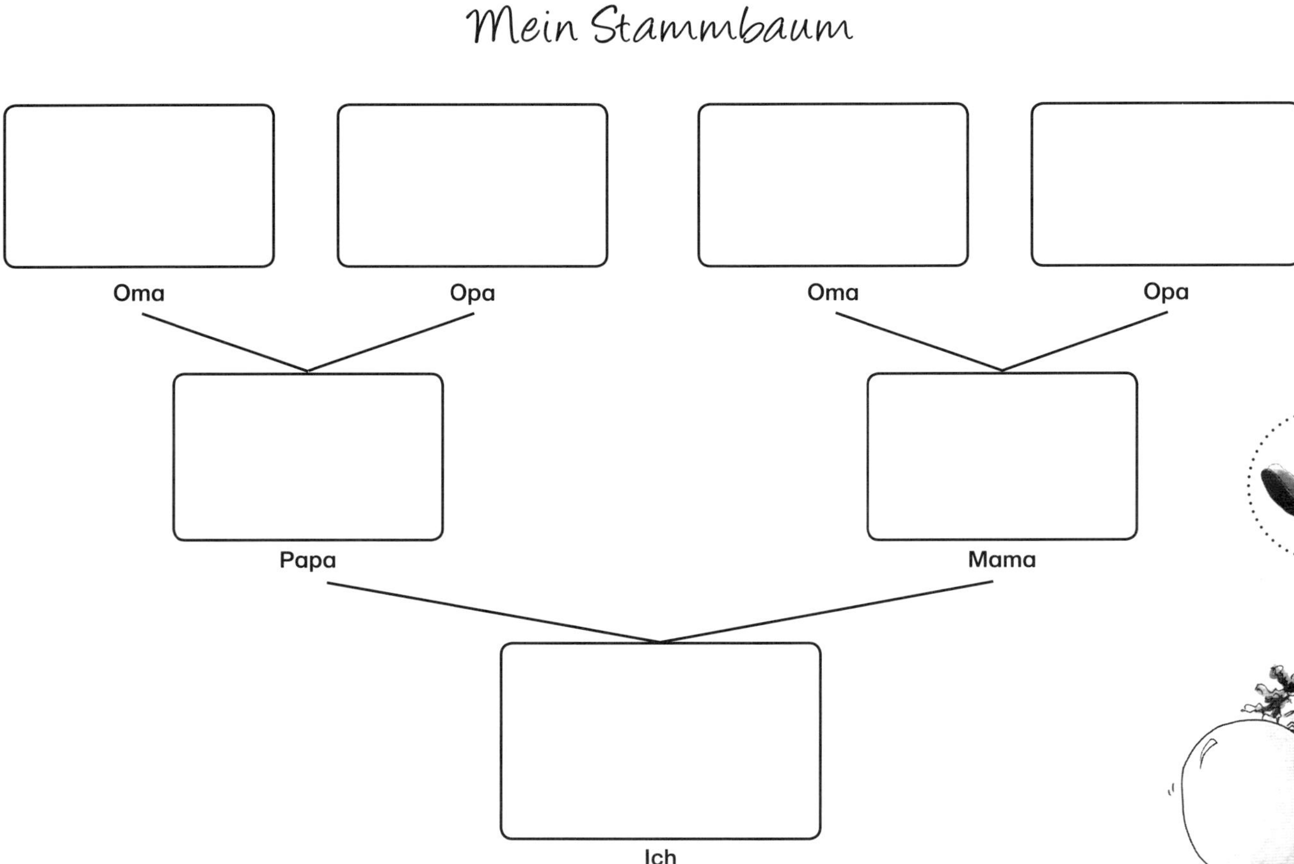

BVK LP96 • Ilka Bonten: Literaturprojekt zu „Tricks von Tante Trix“

Zaubern wie Tante Trix: „Der Luftballon platzt ... nicht!“

Du brauchst: einen Luftballon, ein Stück durchsichtiges Klebeband, eine Nadel

So geht es:
Du stehst vor deinem Publikum und hältst in einer Hand einen Luftballon und in der anderen Hand eine Nadel. Während du einen Zauberspruch aufsagst, stichst du mit der Nadel in den Luftballon. Dank deines Zauberspruchs platzt er nicht!

Vorbereitung:
Du musst vor deiner Vorführung ein Stück durchsichtiges Klebeband auf den Luftballon kleben – an die Stelle, in die du später mit der Nadel stichst.
Erklärung: Durch das Klebeband geschützt kann der Luftballon nicht platzen.

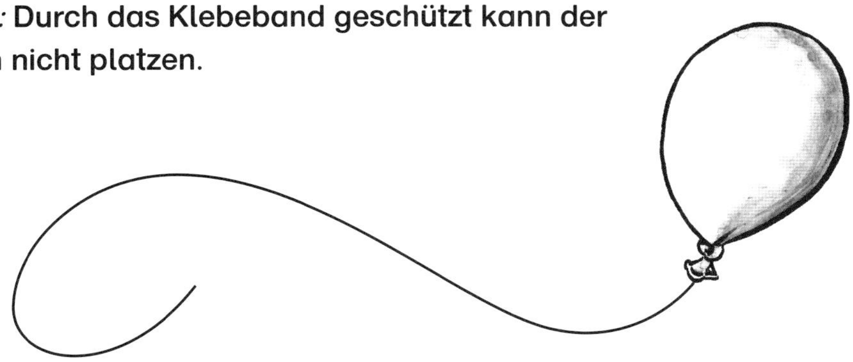

BVK LI 56 • Rika Bohlen: Literaturprojekt zu „Tricks von Tante Trix“

Zaubern wie Tante Trix: „Das schwebende Ei“

Du brauchst: ein Ei, ein durchsichtiges Glas mit Wasser, viel Salz, eine Papiertüte, einen Löffel

So geht es:
Du bittest jemanden aus dem Publikum, ein Ei in das Glas mit Wasser zu legen. Das Ei wird nach unten sinken. Doch du kannst es zum Schweben bringen! Dazu zeigst du dem Publikum die Tüte mit dem Zauberpulver. Nimm das Ei aus dem Wasser und streue das Pulver hinein. Dabei murmelst du einen Zauberspruch. Rühre das Wasser mit dem Löffel um. Auch dabei murmelst du deinen Spruch. Dann legst du das Ei wieder in das Wasser. Dank des Zauberpulvers schwebt es nun!

Vorbereitung:
Du musst in dein Papiertütchen ganz viel Salz füllen. Beschrifte das Papiertütchen vor deiner Vorführung noch mit „Zauberpulver“, dein Trick wirkt dann noch besser!
Erklärung: Wenn sich das Salz im Wasser auflöst, wird es in ganz kleine Bestandteile zerlegt. Diese finden zwischen den Wasserteilchen Platz. Das Wasser ist nun dichter und das Ei kann nicht mehr so tief sinken.

BVK LP96 • Ilka Bonten: Literaturprojekt zu „Tricks von Tante Trix“

Rezept: Schokoladenpudding

Du brauchst (für 4 Portionen):
Zutaten: 500 ml Milch, 3 Esslöffel Zucker, 2 Esslöffel Stärkemehl, 2 Esslöffel Kakaopulver zum Backen
Materialien: Topf, Mixbecher, Kochlöffel, kleine Schälchen

So geht es:
1. Die Hälfte der Milch in den Topf geben und auf dem Herd heiß werden lassen.
2. Die andere Hälfte mit dem Zucker, dem Stärkemehl und dem Kakaopulver in einem Mixbecher vermischen und zu der heißen Milch in den Topf geben.
3. Alles unter Rühren aufkochen lassen.
4. Den fertigen Pudding vorsichtig in kleine Schälchen füllen und etwas abkühlen lassen.

Lasst es euch schmecken!

BVK LP96 • Ilka Bonten: Literaturprojekt zu „Tricks von Tante Trix“

Rezept: Schnelles Quarkbrot

Du brauchst:
Zutaten: 150 g feingemahlenes Weizenvollkornmehl, 1 Teelöffel Backpulver, 1 Teelöffel Kräutersalz, 250 g Speisequark, 1 Ei
Materialien: Rührschüssel, Handrührgerät mit Knethaken, Backblech, Backpapier, etwas Weizenvollkornmehl zum Bestäuben, dicke Topflappen, Kuchengitter

So geht es:
1. Fülle deine Zutaten in die Rührschüssel und verknete sie mit dem Handrührgerät (erst auf Stufe 1, dann auf Stufe 3) so lange, bis ein glatter Teig entsteht.
2. Streue etwas Weizenvollkornmehl auf die saubere Tischplatte.
3. Forme auf der bemehlten Tischplatte aus dem Teig einen Brotlaib.
4. Lege den Laib auf das Backblech mit Backpapier. Damit der Teig nicht an den Fingern klebt, reibe deine Hände vorher mit etwas Mehl ein.
5. Backe das Brot im vorgeheizten Backofen (etwa 180 °C) auf der mittleren Leiste 15 – 20 Minuten.
6. Nimm das Blech aus dem Backofen, benutze dazu dicke Topflappen. Lege das Brot dann zum Auskühlen auf das Kuchengitter.

Guten Appetit!

Magisches Zauberbild

1. Paul muss in der Schule Malaufgaben rechnen. Kannst du das auch?
   Löse die Aufgaben. Suche dann die richtige Zahl bei den nummerierten Punkten und verbinde sie in der Reihenfolge der Aufgaben.

1) 3 x 5 = ______ 2) 2 x 5 = ______ 3) 7 x 4 = ______ 4) 8 x 9 = ______

5) 4 x 3 = ______ 6) 7 x 2 = ______ 7) 5 x 9 = ______ 8) 7 x 6 = ______

9) 1 x 8 = ______ 10) 6 x 3 = ______ 11) 7 x 3 = ______ 12) 8 x 5 = ______

13) 4 x 9 = ______ 14) 3 x 3 = ______ 15) 7 x 9 = ______ 16) 6 x 8 = ______

17) 6 x 5 = ______ 18) 5 x 3 = ______

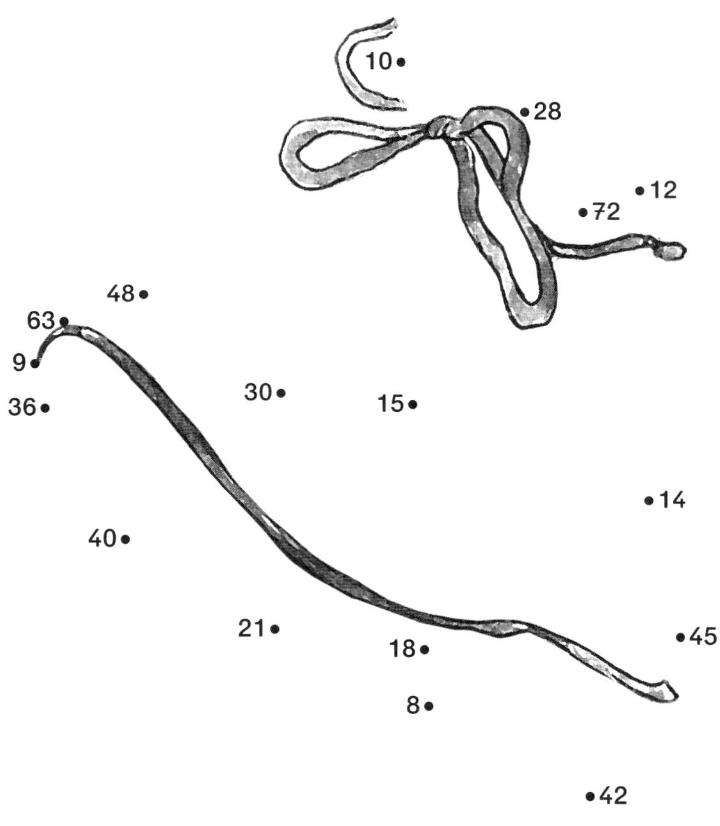

2. Erkennst du das Bild? Zähle, wie oft das Bild im Buch vorkommt. Anzahl: ______

3. Paul und Tante Trix sind im Süßigkeitenladen. Wie viel muss Paul bezahlen, wenn er seiner Tante die folgenden Süßigkeiten kauft?
   2 Tüten Gummibärchen für jeweils 1 Euro
   3 Tafeln Schokolade für jeweils 2 Euro
   5 Beutel Speckmäuse für jeweils 1 Euro
   1 Packung Vanilleeis für 3 Euro

   Lösung: Paul muss ______ Euro bezahlen.

BVK LP 36 • Iris Böhlen: Literaturprojekt zu „Tricks von Tante Trix"

Zahlenrätsel

Fülle die fehlenden Teile des Rätsels aus.
Die Ergebnisse müssen waagerecht und senkrecht stimmen.

a)

3	+		+	13	=	**19**
+		+		+		
	+		+		=	**21**
+		+		+		
5	+		+	11	=	**24**
=		=		=		
13		**18**		**33**		

b)

18	-		-		=	**6**
-		-		-		
	-	3	-	4	=	**4**
-		-		-		
	-		-	3	=	**1**
=		=		=		
2		**0**		**1**		

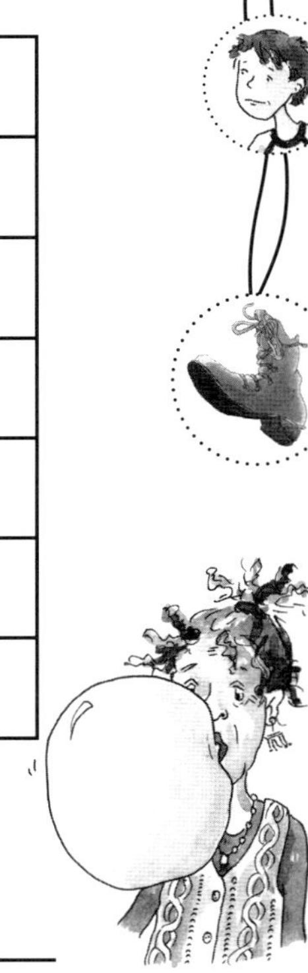

BVK LP96 • Ilka Bonten: Literaturprojekt zu „Tricks von Tante Trix“

Mauerrechnen

Fülle die leeren Kästchen der Mauer, indem du die jeweiligen Zahlen unterhalb des Kästchens je nach Aufgabe addierst, subtrahierst oder multiplizierst.

Beispiel:

10
7 | 3

7 + 3 = 10

x

[ ]
[ ] | 6
4 | [ ] | 3

–

[ ]
[ ] | [ ]
47 | [ ] | 16
100 | [ ] | [ ] | 18

+

[ ]
[ ] | [ ]
[ ] | [ ] | [ ]
[ ] | 7 | [ ] | 18
32 | 6 | [ ] | 1 | [ ]

Collage

Male dich selbst als „Tante Trix“ und gestalte damit eine Collage.

Du brauchst: farbiges Tonpapier in DIN A3, 1 weißes Blatt in DIN A4, Bleistift, Buntstifte oder Filzstifte, Schere, Kleber, Bilder aus Zeitschriften

So geht es:

1. Male dich zuerst auf ein weißes DIN-A4-Blatt mit solch bunten Anziehsachen, wie Tante Trix sie trägt. Du kannst selbst wählen, ob du Buntstifte oder Filzstifte benutzen möchtest.

2. Schneide das Bild dann aus und klebe es auf ein farbiges DIN-A3-Tonpapier.

3. Suche aus verschiedenen Zeitschriften Bilder aus, die zu deinem Bild von dir mit der bunten Kleidung passen. Das kann eine bunte Tasche, eine strahlende Sonne ... sein. Klebe die Bilder nun passend zu deiner Figur auf das Blatt.

Briefmarke

Auf einen Briefumschlag gehört natürlich eine Briefmarke. Gestalte hier deine eigene Briefmarke. Vergiss den Wert der Briefmarke nicht.

Kastenfußball

Du brauchst: 1 kleinen Kasten, Bänder für die Mannschaften, 1 Fußball

So geht es:

1. Der kleine Kasten wird in der Sporthalle in die Mitte eines Kreises gestellt.

2. Bildet zwei Mannschaften. Verteilt die Bänder, damit ihr die Mannschaften unterscheiden könnt.

3. Beide Mannschaften spielen jetzt gegeneinander. Das Ziel ist es, in einer vorgegebenen Zeit möglichst oft den Kasten mit dem Fußball zu treffen. Der Kreis darf nicht betreten werden!

BVK LP96 • Ilka Bonten: Literaturprojekt zu „Tricks von Tante Trix“

Krakenspiel

So geht es:

1. Ein oder zwei Kinder stellen sich in der Turnhalle mit einem weichen Ball in den Mittelkreis.
2. Die übrigen Kinder stellen sich alle auf einer Seite der Turnhalle auf.
3. Auf ein Zeichen hin laufen alle Kinder zusammen los auf die andere Seite.
4. Die Kinder im Mittelkreis versuchen, möglichst viele laufende Kinder mit dem Ball abzutreffen. Sie müssen sich den Ball immer wieder zurückholen und dürfen nur aus dem Kreis heraus werfen.
5. Wurde ein Kind getroffen, muss es sich an dieser Stelle auf den Boden setzen. Es ist nun eine „Krake“ und muss versuchen, mit den Armen möglichst viele andere Kinder zu berühren.
6. Gelingt ihm das, muss sich das berührte Kind ebenfalls auf den Boden setzen und Kinder fangen.
7. Gewonnen hat, wer als letztes Kind übrig ist.

Lösungen

zu S. 6: „Der fremde Besuch“

1. **Lösung:** Der richtige Name von Tante Trix ist **BEATRIX.**
2. „Lass nie Fremde ins Haus!“
3. Die Haare der Frau stehen **wild** vom Kopf ab. Einige Haarbüschel sind **rot,** die anderen **schwarz, gelb, grün,** und **lila.** Sie trägt **drei** Röcke übereinander, in den Farben einer **Ampel.** Dazu hat sie mitten im Sommer eine dicke **himmelblaue** Wollweste an. Die Füße stecken in **geblümten** Strümpfen und geschnürten Stiefeln in schrillem **Pink.** In einer Hand trägt sie einen schäbigen **alten** Koffer.
(aus: Judith Le Huray: Tricks von Tante Trix, BVK Buch Verlag Kempen, Kempen 2010, S. 6)

zu S. 7: „Tante Trix ist da“

2. Die Sätze reimen sich.
5. Die Insel, von der Tante Trix erzählt, heißt **Tuxda-Buxda.** Dort gab es 56 **Eingeborene.** Mit den Tigern konnte man **Ball spielen.** Besonders gut waren sie beim **Kopfball.** Die Löwen hatten tolle **Mähnen,** die **gekämmt** und **bunt gefärbt** wurden.

zu S. 8: „Vorsicht, Hund!“

1. stimmt: Sie trägt pinkfarbene Stiefel.
Sie hat bunte Haare.
Sie hüpft auf einem Bein.
Sie schlägt ein Rad auf dem Gehweg.
3. Hasso ist **kräftig** wie ein **Stier, gefährlich** wie ein **Löwe** und hat ein riesiges **Gebiss** wie ein **Krokodil.**

zu S. 9: „Nette kleine Tricks“

1. Hasso rast auf Paul und Tante Trix zu.
Er sieht sehr gefährlich aus.
Doch durch die Gedanken von Tante Trix wird er lammfromm.
Sie hat ihm seinen bösen Willen gestohlen.
3. Tante Trix erklärt Paul, was sie von den **Eingeborenen** auf Tuxda-Buxda gelernt hat: Man kann anderen **den bösen Willen** stehlen, indem man sich ganz **super-kleber-fest** darauf konzentriert. So ändert Paul seine Meinung von Tante Trix. Eigentlich findet er sie **ziemlich cool.**

zu S. 11: „Kummer und Freude“

4. Tante Trix durfte mit den Piraten nach Hause fahren.
Sie musste dafür der Mannschaft die Stiefel putzen.
Tante Trix hat die Ratten dressiert.
Die Tierchen haben mit ihrem Fell die Stiefel geputzt.
Außerdem hat Tante Trix den Kapitän von seinen Ohrenschmerzen befreit.
Zur Belohnung schenkte ihr der Kapitän einen Beutel Gold.

zu S. 13: „Leckere Süßigkeiten“

1.

S	C	H	O	K	O	K	U	S	S		L	
G	U	M	M	I	B	A	E	R	C	H	E	N
	D					U					B	
	R					G					K	B
L	O		B	R	A	U	S	E			U	O
O	P					M					C	N
L	S					M					H	B
L		L	A	K	R	I	T	Z	E		E	O
I				W	A	F	F	E	L		N	N
S	C	H	O	K	O	L	A	D	E			S

3. **richtig:** Der Busfahrer ist überhaupt nicht erfreut darüber, weil **er fast einen Unfall baut.**

zu S. 10: „Bauchweh“

a)	H	A_7	E	N	G	E	M	A	T	T	E		
b)	M	O	T_3	Z									
c)	S	E	C_9	H	S								
d)	L	I	E	B_6	L	I	C	H_{13}					
e)	H_1	A	U	S	E								
f)	D	U	R	C	H	E	I	N	A	N	D	E	R_5
g)	I	N	L	I	N	E_4	R						
h)	K	R	A	U_8	T								
i)	S	A_2	M	S	T	A	G						
j)	W_{11}	E	I	N	E	N							
k)	H_{10}	O	N	I	G	F	E_{12}	I	N				

Lösungssatz: Als Paul nach der Schule nach Hause kommt, **HAT ER BAUCHWEH.**

zu S. 12: „Drei Treffer“

1. richtig:
a) Ich bleibe kurz stehen und begrüße ihn.
b) Ich antworte erst, wenn der Mund wieder leer ist.
c) Ich sage freundlich „Guten Tag“ oder „Hallo“.
d) Wir spielen zusammen damit.

zu S. 15: „Pechtag?“

Lösung: Tante Trix kann viele **TRICKS.**

zu S. 16: „Glücksbringer oder Unglücksbringer?“

1. Glücksbringer: Schornsteinfeger berühren – Sternschnuppen sehen – dreimal auf Holz klopfen – jemandem die Daumen drücken – Hufeisen finden – vierblättriges Kleeblatt finden – Glückspfennig verschenken
Unglücksbringer: einen Spiegel zerbrechen – schwarze Katze – unter einer Leiter hindurchgehen – Salz verschütten

2.

zu S. 17: „Paul darf das nie“

Bild	Seite	Paul darf nie
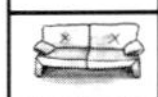	8/9	auf dem Sofa herumhüpfen
	9	Becher auslecken und laut rülpsen
	12	auf Inlinern durch die Wohnung sausen
	13	mit dem Stuhl schaukeln
	23	in einer Hängematte übernachten
	36	auf einer Bank balancieren, ein Geländer als Turnstange benutzen
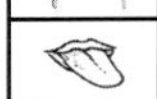	42	anderen Leuten die Zunge herausstrecken
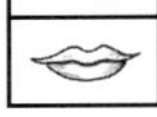	53	laut schmatzen

zu S. 19: „Schlangensätze“

1. und 2. a) Lehrer müssen auch jeden Tag zur Schule gehen.
b) Sie bringen ihren Schülern wichtige Dinge bei.
c) Gärtner arbeiten oft draußen.
d) Der Gärtner pflegt den Garten.
e) Bäcker müssen früh aufstehen.
f) Ein Tierpfleger ist für viele Tiere verantwortlich.
g) Der Busfahrer bringt jeden Tag viele Kinder zur Schule.

zu S. 21 unten: „Reime“

Tante – Kante, Mund – Fund, Hund – Grund, Mähne – Schwäne, Boot – Not, Zimmer – Schimmer, Vater – Kater, Augen – Tauben, Haus – Maus, Märchen – Pärchen, Ball – Knall, Insel – Pinsel, Tage – Frage, Mutter – Futter, Tisch – Fisch, Sonne – Tonne

zu S. 24: „Wortarten üben mit Tante Trix“

1. Paul und seine Eltern bekommen plötzlich Besuch. Tante Trix möchte für ein paar Tage bei ihnen bleiben. Sie macht einige verrückte Sachen. Paul findet seine Großtante ziemlich cool. Tante Trix ist nach ein paar Tagen weg. Paul ist deshalb etwas traurig.
   Nomen: Paul, Eltern, Besuch, Tante Trix, Tage, Sachen, Paul, Großtante, Tante Trix, Paul
   Adjektive: verrückte, cool, traurig
   Verben: bekommen, möchte bleiben, macht, findet, ist weg, ist

zu S. 26: „Der richtige Umgang mit Hunden“

Satz 3:
Störe den Hund nicht beim Fressen und Schlafen.

Satz 7:
Wenn Hunde miteinander raufen, versuche nie, sie zu trennen.

Satz 1:
Laufe nicht vor einem Hund weg, auch dann nicht, wenn du Angst hast.

zu S. 27: „Löwen und Tiger“

richtig: Löwen und Tiger gehören zu den Katzen. / Löwen schwimmen nicht gerne. / Der Löwe gilt als „König der Tiere“. / Viele Tiger haben schwarzbraune Streifen.

zu S. 31: „Magisches Zauberbild“

1. 1) 3 x 5 = 15 2) 2 x 5 = 10 3) 7 x 4 = 28 4) 8 x 9 = 72
5) 4 x 3 = 12 6) 7 x 2 = 14 7) 5 x 9 = 45 8) 7 x 6 = 42
9) 1 x 8 = 8 10) 6 x 3 = 18 11) 7 x 3 = 21 12) 8 x 5 = 40
13) 4 x 9 = 36 14) 3 x 3 = 9 15) 7 x 9 = 63 16) 6 x 8 = 48
17) 6 x 5 = 30 18) 5 x 3 = 15

2. Bild: Schuh von Tante Trix
   Anzahl: **7** (neben Kapitelüberschriften)
   2 (im Bild Seite 7)
3. Paul muss **16** Euro bezahlen.

zu S. 32 oben: „Zahlenrätsel“

a)

3	+	**3**	+	13	=	19
+		+		+		
5	+	**7**	+	**9**	=	21
+		+		+		
5	+	**8**	+	11	=	24
=		=		=		
13		18		33		

b)

18	-	**4**	-	**8**	=	6
-		-		-		
11	-	3	-	4	=	4
-		-		-		
5	-	**1**	-	3	=	1
=		=		=		
2		0		1		

zu S. 32 unten: „Mauerrechnen“

x
48
8 6
4 **2** 3

–
25
28 **3**
47 **19** 16
100 **53** **34** 18

\+
83
54 **29**
45 **9** **20**
38 7 **2** 18
32 6 **1** 1 **17**

BVK LP96 • Ilka Bonten: Literaturprojekt zu „Tricks von Tante Trix“